NATIONAL
GEOGRAPHIC

Peldaños

Los
pueblo
Americanos precolombinos

¿QUIÉNES ERAN LOS ANTIGUOS PUEBLO?

por Nathan W. James

Edificaciones como la de esta fotografía son algunas de las únicas evidencias que nos quedan para aprender sobre las personas que vivieron en lo que en la actualidad es el sudoeste de los Estados Unidos hace más de 1,400 años. Al principio, los antiguos pueblo vivían de la tierra, y se mudaban de un lugar a otro. Después de un tiempo, comenzaron a construir asentamientos complejos de muchos pisos en cañones del desierto. También construyeron casas ocultas bajo acantilados.

Los antiguos pueblo eran constructores ingeniosos. También eran artesanos habilidosos y artistas talentosos. Todavía no sabemos mucho de su historia o qué les sucedió. Pero por suerte para nosotros, dejaron evidencias, incluidos muchos edificios, que nos ayudan a descubrir quiénes eran y cómo vivían.

Las ruinas del Palacio del Acantilado cerca de Cortez, Colorado, revelan cómo construían sus casas los antiguos pueblo.

¿QUÉ DICE EL NOMBRE?

Un misterio sobre los antiguos pueblo es cómo se llamaban a sí mismos. Solo sabemos cómo los llamaban otras tribus. Los navajos los llamaban Anasazi, que significaba "antiguos enemigos". Los españoles los llamaron pueblo. Este nombre quedó. A veces se llama pueblanos a los antiguos pueblo. Esto significa que son los parientes del pasado de indígenas pueblo pueblo actuales.

DONDE SE UNEN LAS CUATRO ESQUINAS

Los antiguos pueblo vivían en una región que se conoce como Cuatro Esquinas en la actualidad, un área donde se unen cuatro estados en un punto. Estos estados son Colorado, Nuevo México, Arizona y Utah. Por supuesto, no había límites estatales hace miles de años, cuando los indígenas pueblo comenzaron a vivir aquí.

La región de Cuatro Esquinas tiene montañas altas y desiertos arenosos. También tiene ríos caudalosos, como el San Juan y el Colorado. La región experimenta todos los tipos de estado del tiempo. Las montañas son heladas la mayor parte del año. El desierto es caluroso y seco en verano. Quizá haya nieve en el suelo en algunos lugares durante el invierno.

Los antiguos pueblo **migraron**, o se mudaron, a la región de Cuatro Esquinas desde el Oeste. Con el tiempo, la mayoría se estableció en la tierra que en la actualidad conocemos como el sudeste de Utah, el sudoeste de Colorado, el noreste de Arizona y el noroeste de Nuevo México.

Las montañas se elevan sobre las tierras del desierto y los cañones profundos de la región de Cuatro Esquinas.

REGIÓN DE LAS CUATRO ESQUINAS

La región de Cuatro Esquinas incluye el extremo sur de las Montañas Rocosas y una porción del Río Colorado. También incluye Mesa Verde y varios otros sitios pueblo antiguos. Lee más sobre Mesa Verde en este libro.

LOS MISTERIOSOS ANTIGUOS PUEBLO

Los indígenas pueblo de la antigüedad no dejaron una historia escrita sobre ellos. Por suerte, las ruinas de los antiguos asentamientos pueblo siguen esparcidas en la región de Cuatro Esquinas. En el norte de Nuevo México, los **arqueólogos** están reconstruyendo la historia de uno de estos asentamientos, Pueblo Bonito. Los arqueólogos son científicos que estudian las culturas del pasado. Estudian las ruinas de este asentamiento para comprender mejor a los antiguos pueblo.

Antes de vivir en Pueblo Bonito, los indígenas pueblo eran cazadores recolectores. Los **cazadores recolectores** pescaban y recolectaban nueces y bayas para vivir. Alrededor del año 1000 a. C., comenzaron a cultivar alimentos como el maíz, la calabaza y los frijoles. De a poco, comenzaron a construir casas permanentes en asentamientos. Pueblo Bonito era uno de esos asentamientos.

La construcción comenzó en Pueblo Bonito alrededor del año 850 d. C. y continuó por al menos 200 años. Construido con forma de D mayúscula, el asentamiento incluía más de 600 habitaciones. Con cuatro a cinco pisos de alto, esta alta estructura se elevaba sobre el desierto que la rodeaba.

Los indígenas pueblo abandonaron Pueblo Bonito durante el siglo XIII. ¿Por qué se mudaron a otro lado y adónde fueron? Los arqueólogos todavía intentan resolver estos misterios. Los residentes de Pueblo Bonito quizá migraron debido al estado del tiempo, o quizá debían escapar de sus enemigos. La mayoría de los arqueólogos creen que migraron a otras partes del Nuevo México actual.

El final de Pueblo Bonito no significó el final de los indígenas pueblo. Continúa leyendo y aprenderás sobre otros asombrosos lugares de residencia de los antiguos pueblo ubicados en el actual sudoeste de Colorado.

Esta vista panorámica aérea de Pueblo Bonito revela su forma de letra D mayúscula.

Los indígenas pueblo usaban los círculos como hogar. Un techo hecho de paja cubría cada agujero.

Todos estos círculos hacen que Pueblo Bonito se parezca un poco a una colmena.

Almacenaban alimentos y pertenencias en las habitaciones cuadradas.

La pared exterior protegía al asentamiento de sus enemigos. Quienquiera que necesitaba entrar o salir usaba una escalera de mano, no una puerta.

LOS PUEBLO DE LA ACTUALIDAD

Han pasado más de 1,000 años desde que los indígenas pueblo construyeron Pueblo Bonito. Los pueblo aún viven en la región de Cuatro Esquinas en la actualidad.

Los antiguos pueblo son los **ancestros**, o familiares de hace mucho tiempo, de varias tribus nativo-americanas modernas, incluidos los zuni, los pueblo de Río Grande y los hopi. Estas tribus no han permanecido muy lejos de las tierras de sus ancestros. Los pueblo de Río Grande permanecen en el norte de Nuevo México. Más al oeste, los zuni se establecieron en el límite de Nuevo México y Arizona. Los hopi hicieron su hogar en el norte de Arizona.

Algunos todavía viven en casas tradicionales de adobe, o arcilla roja, como las de Pueblo de Taos, una comunidad pueblo en las afueras de Taos, Nuevo México (que se muestra abajo). Otros viven en ciudades como Albuquerque, Nuevo México.

Los indígenas pueblo modernos honran a sus antiguos ancestros al mantener vivas sus tradiciones culturales, o costumbres. Una manera especialmente emocionante en la que hacen esto es al celebrar una gran fiesta. Todos los años, los habitantes de Pueblo de Taos celebran un powwow. Un powwow es una

∧ Las personas han vivido en el área que rodea a Pueblo de Taos desde el siglo XIV. Es una de las comunidades pueblo más antiguas del país.

reunión de nativo-americanos para celebrar sus culturas. En el powwow se usa ropa moderna y tradicional. Se baila y se canta. Se comparten alimentos como maíz, frijoles y pan. Estos son algunos de los mismos alimentos que comían los indígenas pueblo hace siglos. Durante las celebraciones como los powwow, el mundo moderno se mezcla con el mundo de los antiguos pueblo. Puede sentirse como si solo hubieran pasado diez días en lugar de diez siglos desde la época de Pueblo Bonito.

Algunos pueblo modernos todavía hornean pan en hornos de adobe tradicionales.

En el pasado, se realizaban powwow por muchas razones. En los powwow, se agradecían las buenas cosechas y los guerreros reunían coraje antes de las batallas.

Compruébalo Describe algunas de las antiguas tradiciones culturales que los pueblo modernos practican en la actualidad.

El ingenio de los antiguos pueblo

por Brinda Gupta

LOS ANTIGUOS PUEBLO ERAN INTELIGENTES. EXPLOREMOS ALGUNOS DE SUS INVENTOS PARA TENER UNA MEJOR IDEA DE CÓMO VIVÍAN.

Casas subterráneas y kivas

Si alguna vez has visitado el desierto, sabes que puede ponerse muy caluroso al sol. Los antiguos pueblo aprendieron a mantenerse alejados del sol para sobrevivir en el desierto. Cavaron dos tipos de edificaciones en la tierra para escapar del calor.

Una de las estructuras que construyeron era la **casa subterránea**, construida dentro de un pozo. Para construir una casa subterránea, primero cavaban un agujero en el suelo de unos tres pies de profundidad. Luego, ponían varios postes de madera junto a las paredes del agujero para sostener el techo.

Los antiguos pueblo construían el techo de las casas subterráneas al esparcir lodo sobre palos. Cuando el lodo se secaba, hacían dos agujeros en el techo. Un agujero era para poner una escalera de mano. Esa era la entrada. El otro agujero era para permitir que saliera el humo de su casa, ya que nadie quiere vivir en una casa llena de humo.

Los antiguos constructores pueblo cavaban el suelo incluso a más profundidad para hacer un tipo de estructura diferente, llamado **kiva**. Esta edificación circular tenía una chimenea en el suelo, generalmente en el centro de la habitación. Los antiguos pueblo usaban las kivas principalmente para eventos religiosos. Construían nichos en las paredes de lodo. Pueden haber usado estos nichos para exhibir objetos ceremoniales.

CASA SUBTERRÁNEA
Las primeras casas subterráneas generalmente tenían una entrada y una cámara principal. La entrada tenía una escalera de mano que subía al techo y al espacio de almacenamiento para alimentos y herramientas. La familia vivía en la cámara principal, que era tanto sala de estar como habitación. La chimenea estaba en el centro de la habitación.

Muchas casas subterráneas se incendiaban. Si una chispa errante ascendía, el techo de palos seco se prendía y la familia tenía que escapar rápidamente de la casa subterránea.

chimenea

← pared

KIVA El banco largo junto a la pared del final de esta kiva reconstruida brindaba asiento a las personas durante una ceremonia. También sostenía las paredes y el techo de la kiva.

Las kivas permanecían templadas todo el año. Las temperaturas templadas que tenían hacían que fueran lugares ideales para dormir.

Herramientas y armas

Imagina que intentas cenar sin usar tenedor o que intentas cavar un agujero sin usar una pala. Los antiguos pueblo no tenían metal para hacer herramientas como estas. Hacían herramientas con los materiales que encontraban alrededor de sus casas subterráneas, como piedras, plumas y ramas.

∧ **FLECHAS** Algunas flechas tienen plumas en un extremo para hacer que giraran en el aire. El movimiento del giro ayuda a que la flecha se clave más profundamente en su blanco. Los antiguos pueblo hacían flechas con ramas. Unas ranuras en la madera sostenían una punta de flecha de piedra en un extremo y plumas en el otro.

> **LANZAS** Los indígenas pueblo afilaban las piedras al golpearlas contra una piedra más dura. Fijaban piedras afiladas a ramas largas y rectas para hacer lanzas para cazar. ¿Alguna vez has visto a un deportista olímpico arrojar una lanza larga llamada jabalina? Si es así, viste cómo los antiguos pueblo arrojaban sus lanzas.

PUNTAS DE FLECHAS Para hacer flechas, los indígenas pueblo hacían puntas de flechas afiladas y puntiagudas con piedras y las fijaban a ramas. Para hacer arcos, remojaban la madera en agua y luego la doblaban y la dejaban secar. Tendones retorcidos de animales servían de cuerda para los arcos.

HACHAS Un hacha se hace como una lanza corta, pero la piedra es más gruesa y ancha. Tiene al menos un borde afilado en lugar de una punta en el extremo. Se usaban hachas grandes para construir kivas y casas subterráneas y hachas pequeñas para despejar los campos de arbustos. Las hachas de cualquier tamaño son una herramienta útil, ¡pero sigue siendo difícil usarlas!

MOLINILLOS Los indígenas pueblo usaban dos piedras para moler maíz y producir alimento. Primero, colocaban el maíz en una piedra larga y plana llamada *metate*. Luego, presionaban el maíz con una piedra más pequeña llamada *mano* y frotaban la piedra hacia atrás y adelante. Moler el maíz entre las dos rocas de esta manera lo convertía en harina, que usaban para hacer pan. También usaban las piedras para triturar otros alimentos y cocinarlos.

13

Canastos y cerámicas

Mucho antes de que comenzaran a vivir en los acantilados, los indígenas pueblo tejían canastos con destreza. Como su modo de vida cambió de la caza al cultivo de alimentos, se mudaron con menos frecuencia. Luego , comenzaron a hacer bellas cerámicas que eran muy pesadas para llevarlas de un lugar a otro. Pero cuando se establecieron en aldeas, la cerámica se volvió más útil, ya que duraba más y tenían más capacidad que los canastos.

> **DISEÑOS DE LA CERÁMICA** Los indígenas pueblo decoraban su cerámica con patrones como los espirales de este jarro. La cerámica de la región y la época tiende a tener un aspecto similar. Los arqueólogos usan los patrones de la cerámica encontrada en los sitios pueblo antiguos como pista para determinar cuándo vivió gente allí.

< **CANASTOS PARA COCINAR**

Los antiguos cocineros pueblo cocinaban al poner piedras calientes dentro de un canasto con alimentos. Primero remojaban sus canastos en agua para evitar que se quemaran. A veces, se denomina Canasteros a los antiguos pueblo porque tejían canastos muy bien.

14

María Martínez

María Martínez nació en la década de 1880 y pasó su infancia en San Ildefonso Pueblo, una pequeña aldea en las afueras de Santa Fe, Nuevo México. Casi todos en su aldea podían rastrear su familia hasta los antiguos pueblo. La tía de María sabía cómo se hacían y cocían los jarrones de los antiguos pueblo, y le enseñó estas destrezas a María. La alfarería pueblo se hizo muy popular a principios del siglo XX, cuando los ferrocarriles llevaron colonos blancos a la región. Estos querían comprar los bellos jarrones.

Años después, María observó cómo los arqueólogos desenterraban cerámica pueblo antigua que nadie había visto antes. La cerámica era de color negro brillante y estaba decorada con un tosco patrón negro, como en la foto de abajo. María estaba decidida a recrear esta cerámica usando las antiguas técnicas que conocía de los pueblo.

Después de muchos intentos, María pudo copiar el estilo de la cerámica negra. Los museos y los coleccionistas de arte comenzaron a comprar sus jarrones. Los jarrones nuevos basados en artefactos antiguos atrajeron a las personas al estudio de María, e inspiraron interés en la artesanía de los pueblo del sudoeste. María vivió más de noventa años, y a lo largo de su vida les enseñó a sus hijos, sus nietos y a muchas otras personas el arte de hacer cerámica pueblo.

^ JARRAS Los antiguos pueblo crearon una cerámica magnífica, como esta jarra con forma de pato. Usaban la cerámica como recipientes, tazones, platos, jarros y jarrones de almacenamiento. Algunas piezas de cerámica se hacían como arte. Las creaban para admirarlas, no para usarlas.

∨ ARTE Y ARTESANÍAS La manera en la que se hace la cerámica no ha cambiado mucho con el tiempo. Los alfareros hacían figuras con arcilla y luego la endurecían en un horno. Los antiguos pueblo ponían la arcilla blanda en pozos cerca de fogatas y luego cubrían el pozo, lo que lo convertía en una especie de horno. Una vez que la arcilla se endurecía, los artistas la decoraban. Los antiguos pueblo usaban bayas y otras plantas para hacer pinturas coloridas. Los artistas modernos generalmente compran pintura en las tiendas.

Compruébalo ¿Qué tipos de herramientas hacían los antiguos pueblo?

> El Palacio del Acantilado se oculta bajo una cornisa cerca de la mesa Chapin. Esta mesa se ubica en la parte sur del parque nacional Mesa Verde.

Bienvenido a

Buen día y bienvenido a uno de los lugares históricos más fascinantes de los Estados Unidos: el parque nacional Mesa Verde en Cortez, Colorado. El parque tiene antiguas ruinas pueblo que se remontan al siglo XIII. Si nunca antes has explorado edificaciones construidas en acantilados, ¡entonces dar un paseo por Mesa Verde será una experiencia inolvidable!

Cuando comiences tu paseo, observa esta tierra llana y elevada, llamada **mesa**. ¿Ves las pequeñas aberturas oscuras en la roca? Estas son las puertas y las ventanas de casas que los antiguos pueblo construyeron en la roca. Tu primera parada, Palacio del Acantilado, es el más grande de las **viviendas**, o casas, de los antiguos pueblo. Albergaba a unas 100 personas en sus 150 habitaciones, como un hotel o un edificio de apartamentos.

Al principio, los antiguos pueblo construían sus aldeas sobre las mesas. Luego, comenzaron a construir sus hogares en las paredes empinadas de los acantilados en la ladera de las mesas.

por Elizabeth Massie

Mesa Verde

Establecer allí su hogar resolvió dos problemas para los antiguos pueblo. En primer lugar, la altura de sus hogares hacía que fuera más difícil que sus enemigos los atacaran. En segundo lugar, las paredes del acantilado refugiaban a los antiguos pueblo del áspero viento y el abrasador sol del desierto.

Finalmente, los antiguos pueblo **abandonaron** Mesa Verde. Se mantuvo vacía y olvidada durante cientos de años. En el año 1890, aproximadamente, dos hermanos de un rancho cercano se toparon con las viviendas del acantilado mientras buscaban su ganado perdido. Estaban asombrados por el tamaño y la belleza de las edificaciones que encontraron. Con los años, visitaron el Palacio del Acantilado muchas veces e incluso convencieron al gobierno de los EE. UU. de que convirtiera la tierra de Mesa Verde en parque nacional. Gracias a esos hermanos, Al y Richard Wetherill, Mesa Verde se conservará y se protegerá por muchos años.

Las paredes de ladrillo de la Casa del Abeto mantienen el interior de la casa cálido en los helados días de invierno.

Casa del Abeto

Tu siguiente parada es la Casa del Abeto, la tercera vivienda de acantilado más grande de Mesa Verde. Fue uno de los primeros edificios que descubrieron los hermanos Wetherill. Imagina qué emocionante debe haber sido descubrir esta antigua edificación en lugar de la vaca extraviada que buscaban.

Esta vivienda se llama Casa del Abeto, porque antiguamente crecía un gran abeto desde la parte delantera de la casa hasta la parte superior de la mesa. Los primeros visitantes modernos de la Casa del Abeto tenían que descender por el árbol para entrar. ¡Pero ahora no es necesario que trepes un árbol para ver esta vivienda!

La Casa del Abeto es una casa enorme. Tiene 130 habitaciones hechas de piedra, y cada una de las habitaciones podía albergar de 60 a 80 personas. Así como las habitaciones de tu casa, las habitaciones de la Casa del Abeto se usaban para dormir, visitar y cocinar.

Hay ocho kivas fuera de la Casa del Abeto. Bajemos por esta escalera de mano para explorar una de ellas. Una kiva es una habitación pequeña cavada en el suelo. Los antiguos pueblo usaban las kivas para eventos y celebraciones religiosas. Los hombres de la aldea también se reunían aquí para hablar y tomar decisiones importantes. Como el aire permanecía fresco dentro de las kivas todo el año, algunos incluso dormían en ellas durante las noches calurosas.

∧ La chimenea está a la izquierda de la escalera de mano. La chimenea ayudaba a ventilar el humo fuera de esta habitación en la Casa del Abeto. La salida en el techo también ayudaba a evitar que el aire del interior se llenara de humo.

19

La mayoría de las paredes de la Casa del Balcón todavía son robustas después de cientos de años del clima desértico. El agujero redondo que ves en la foto es una kiva.

La Casa del Balcón

Por el camino desde el Palacio del Acantilado y la Casa del Abeto, comenzaremos la parte más aventurada de tu paseo. ¡Prepárate! Subiremos una escalera de mano angosta y empinada hasta la Casa del Balcón.

Cuando llegues a la parte de arriba de la escalera de mano, echa un vistazo a los agujeros en la pared. Cuando divises lo que parece ser una ventana muy baja, encontraste la puerta de la casa. Los antiguos pueblo construyeron esta vivienda en el acantilado con la defensa en

mente. Las puertas pequeñas y bajas eran fáciles de cerrar cuando la aldea estaba bajo ataque. Además, las puertas pequeñas confundían a sus enemigos. Para las personas que intentaban encontrar una manera de irrumpir, las aberturas pequeñas parecían ventanas.

Con solo 40 habitaciones, la Casa del Balcón es más pequeña que las dos primeras viviendas que visitamos. Pero las áreas habitables al aire libre son más grandes. Tendremos que arrastrarnos por un túnel de 12 pies de largo

¿Te dan miedo las alturas? La escalera de mano que lleva a la Casa del Balcón tiene 32 pies de alto.

para verlo todo. Esta casa está construida muy adentro del acantilado. La roca ancha y plana que sobresale de la parte delantera de la casa parece un balcón. Les daba una magnífica vista del terreno que hay abajo a las personas que vivían aquí.

Para salir de la Casa del Balcón, bajaremos por otra escalera de mano y unos escalones. ¡Es difícil visitar las casas construidas en la ladera de un acantilado!

Los primeros exploradores modernos de Mesa Verde encontraron cerámica antigua, herramientas descartadas y ceniza de fogatas en las habitaciones y las kivas.

Casa Larga

Nuestra última parada está en otra parte del parque nacional Mesa Verde. Las viviendas de la Casa Larga están en un área al noroeste de las otras viviendas en acantilados. Estas viviendas de la Casa Larga miden 130 pies de alto, y están metidas debajo de la mesa Wetherill.

La Casa Larga puede haber obtenido su nombre de la misma casa larga que los antiguos pueblo construyeron en el centro de la pared del acantilado. A medida que la población de la comunidad crecía, los aldeanos agregaban más habitaciones a la casa. Como la Casa del Balcón, la Casa Larga está casi completamente oculta bajo los acantilados. Los antiguos pueblo se tomaban la seguridad en serio.

La Casa Larga es la segunda vivienda más grande del parque nacional Mesa Verde. Unos 100 miembros de una familia podían alojarse en la Casa Larga. Observa las diferentes habitaciones y piensa en cómo habrá sido la vida aquí. De alguna manera, los antiguos pueblo vivían como nosotros. Construían casas resistentes que los mantenían a salvo del estado del tiempo y de los enemigos. Vivían con su familia y pasaban mucho tiempo en casa. Pero también hay diferencias. Por ejemplo, probablemente no tengas que subir una escalera de mano.

Es hora de terminar nuestro paseo por el parque nacional Mesa Verde y las viviendas en los acantilados de los antiguos pueblo. Esperamos que hayas aprendido cosas nuevas sobre las personas que antiguamente tenían su hogar en estas viviendas en esta bella tierra.

Mesa Wetherill

Esta vista muestra cómo la mesa Wetherill protege la Casa Larga. Las viviendas están ocultas muy adentro de las paredes del acantilado.

Casa Larga

Compruébalo ¿Cómo nos ayudan los sitios de Mesa Verde a comprender cómo vivían los antiguos pueblo?

ARTISTA DE LA ROCA

por Erica Lauf

Conoce al artista pueblo Jaque Fragua. Jaque creció en Jemez Pueblo, Nuevo México. El arte y la cultura estaban a la vuelta de cada esquina. Su interés en el arte nació cuando diseñaba, hacía a mano y pintaba su propia ropa y joyas para usar en danzas pueblo tradicionales. En la actualidad viaja por el país pintando y compartiendo su amor por el arte con los niños.

Hace cientos de años, los indígenas pueblo crearon miles de **petroglifos**, o piedras talladas, como la que se muestra abajo. Cortaban figuras en las paredes de roca volcánica con cinceles y cuchillos. Socavaban la oscura roca externa para revelar la roca más clara que había debajo. Muchas de estas tallas todavía pueden verse en los desiertos del sudoeste. Nadie sabe su significado exacto. Quizá contaban un cuento, marcaban un suceso o tenían un propósito espiritual. Los artistas los hacían muy grandes y los colocaban donde no podían pasarse por alto.

En la actualidad, Jaque sigue los pasos de los antiguos artistas pueblo, pero hace su propio mural con un toque moderno. Su instrumento principal es la pintura en aerosol. Las superficies sobre las que pinta son edificios de ladrillos, paredes de madera contrachapada y carteleras. Sus pinturas salpican los paisajes urbanos.

"Queríamos hacer que la pared bailara". Así explica Jaque Fragua por qué creó junto con sus amigos este mural de 50 pies en Miami, Florida.

Personas de la antigüedad tallaron este petroglifo en una pared de roca en Nuevo México. Si observas a la izquierda del centro, podrás ver a un guerrero que sostiene un escudo delante de su cuerpo. El escudo redondo está decorado con dos garras de oso.

UN ARTISTA TRABAJANDO

Algunos planifican todos los detalles antes de comenzar un proyecto. Pero a Jaque Fragua le gusta sumergirse de inmediato. En lugar de usar un bosquejo o un plano, por lo general toma una lata de aerosol y comienza a hacer figuras. Hace pinturas muy grandes en edificios. Este tipo de superficie o **lienzo** no siempre es perfecto. Pero una ventana puede transformarse en un ojo o una lengua con un poco de pintura en aerosol.

Jaque comparte su arte con comunidades enteras. Su objetivo es reunir a las personas para que experimenten su arte. Pinta, baila y escribe poesía. También mezcla estas diferentes formas de arte. ¡E incluso ha creado cosas con basura!

ᐯ Jaque basó el diseño de este portón de garaje en San Francisco, California, en un patrón de tela.

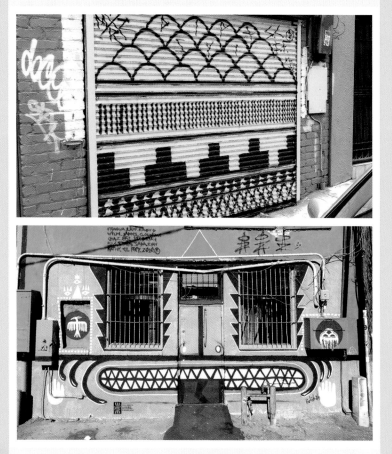

ᐱ Jaque transformó este edificio dañado por un incendio en Albuquerque, Nuevo México, en un guardián que vigila el vecindario.

Jaque usa pintura en aerosol porque "es rápida, colorida y sin rodeos". Cree que si los antiguos artistas pueblo hubieran podido usar la variedad de colores de pintura disponibles en la actualidad, su obra habría estado llena de colores vibrantes.

"Quiero crear una obra que haga que los demás sientan lo mismo que yo cuando vi por primera vez esas hermosas pinturas en la roca". —JAQUE FRAGUA

TODO ESTÁ EN LOS DETALLES

Jaque trabajó en el **mural**, o pintura en pared, que se muestra abajo en Miami, Florida, con un grupo de artistas callejeros conocido como Equipo de Murales de Nativo-americanos. Dice que la intención del mural es ser un dibujo de una oración. Los detalles de la pintura pueden darte una idea del tema de la plegaria.

El patrón de zigzag de la foto de abajo es un diseño común en los murales de Jaque Fragua. Este patrón puede representar el relámpago o la energía. Hay dos figuras redondeadas a la izquierda de Jaque en la foto del final de la página. Una figura es de color amarillo y anaranjado brillante, y la otra es principalmente blanca con azul y líneas rosadas. Algunos pueden pensar que estas figuras parecen plumas.

∨ Cuando observas este patrón de zigzag de cerca, ¿en qué te hace pensar?

zigzag

plumas

∧ Las plumas son símbolos pueblo comunes, que suelen usarse en eventos religiosos. Generalmente representan la plegaria, que tiene sentido si recuerdas que Jaque describió este mural como una plegaria pintada.

Un patrón en la parte superior de este edificio parece una escalera inclinada.

ave

plumas

pez

ENSEÑAR A LOS DEMÁS

Cuando Jaque no está trabajando en sus propias obras, pasa el tiempo ayudando a otras personas a hacer arte. La manera en la que pinta solo es diferente de la manera en la que pinta con otras personas.

Viajar por el país para enseñarles arte a los niños es importante para Jaque. Pintar y enseñar son dos maneras en las que comparte su identidad pueblo. "El arte es una manera de conectar a las generaciones". Explica Jaque. "Tenemos un pasado grandioso del que aprender, pero también hay un futuro brillante".

⌄ Jaque trabajó con los estudiantes para crear este mural en Pawhuska, Oklahoma. Primero, creó el diseño de su mural en una computadora. Jaque usó un proyector para que el diseño brillara sobre la pared. Luego bosquejó el boceto del mural con pintura en aerosol. Por último, los estudiantes llenaron los diseños con colores.

◁ Este estudiante usa un rodillo para ayudar a pintar el fondo. Jaque dice: "Le doy mucha prioridad (importancia) a viajar y crear obras en lugares de todo el mundo. Creo que es la única manera en la que realmente podemos aprender a crecer: mediante la experiencia directa".

▷ Jaque Fragua ve al arte como una manera de reunir a las personas. Este joven voluntario usa una brocha para retocar parte de un mural. Con la ayuda de muchas manos, el equipo completó este mural en solo unos cuantos días.

Compruébalo ¿Por qué Jaque Fragua cree que el arte es importante?

31

Comenta

1. ¿Qué conexiones puedes establecer entre los cuatro artículos de este libro? ¿Cómo se relacionan los artículos?

2. ¿Cómo han influido la tierra y el medio ambiente en las maneras en que han vivido los indígenas pueblo de la antigüedad y de la actualidad?

3. La tercera selección nos da información sobre los antiguos pueblo. Usa el texto para explicar cómo los arqueólogos usan la evidencia de las ruinas para comprender a esta cultura antigua.

4. ¿De qué maneras Jaque Fragua toma prestadas ideas y diseños de los petroglifos de los antiguos pueblo?

5. ¿Cuáles son algunos misterios que quedan sobre los antiguos pueblo? ¿Qué más te gustaría saber sobre ellos?